JN440203

햇살 등 뒤로 숨은 웃음

햇살 등 뒤로 숨은 웃음

초판 발행 | 2016년 7월 30일

저　　자 | 이훈식
펴 낸 이 | 차영미
편　　집 | 디자인그룹 여우비
펴 낸 곳 | 서정문학
주　　소 | 서울시 강동구 천중로30길 5-11, 203호
전　　화 | 02)720-3266　　FAX | 02)720-3266
홈페이지 | http://cafe.daum.net/seojungmunhak.com
이 메 일 | sjmh11@hanmail.net
등　　록 | 2008. 3. 10 제324-2014-000060호

ISBN 978-89-94807-50-8 03810
정가 10,000원

국립중앙도서관 출판예정도서목록(CIP)

햇살 등 뒤로 숨은 웃음 : 이훈식 제5 시집 / 저자: 이훈식. — 서울 : 서정문학, 2016
p. ; cm. — (서정문학대표시선 ; 34)

ISBN 978-89-94807-50-8 03810 : 10000

한국 현대시[韓國現代詩]

811.7-KDC6
895.715-DDC23　　CIP2016018507

서정문학대표시선 · 34

햇살 등 뒤로 숨은 웃음

이훈식 제5 시집

시인의 말

살아생전 시집 한 권 가질 수 있으면 더는 부러울 것이 없겠다고 생각한 적이 있다. 그런데 이번에 5번째 시집을 또 출간할 기회를 얻었으니 행운 중의 행운이고 쉽지 않게 찾아온 그 기쁨을 어떻게 표현해야 할지 모르겠다.

써 놓고 보면 아직도 영글지 못한 부분에 가슴 허할 때도 있지만 이제 와서 크나큰 필명을 얻을 것도 아니고 가슴에 썩혀 두었다가 남다른 문향으로 발아시킬 시기도 아님을 알기에 그저 감사한 마음으로 원고를 넘겨주었다.

시어 한 마디 한 마디가 나의 호흡이었고 연과 행을 나누며 퇴고를 하던 시간은 목마르던 가슴을 홍건이 그리움으로 적셔주었던 달콤한 시간이었다.

큰 욕심은 없다. 읽어 주는 분들의 마음속에 한 구절이라도 살아 잔잔한 여운으로 남겨질 수 있다면 좋겠다. 시집 출간을 위해 처음부터 애써 준 차영미 대표와 주해숙 주간, 윤송석 작가에게 고마움을 전한다.

2016년 7월 대서大暑 날 오후 용인에서

| 목차 |

제2부

제3부

제4부

제1부

신의 눈금

시간이라는 그물에 갇히지 않고
내일이 오늘인양 바라보는 기다림의 끝을
우리는 사랑이라고 부른다
사랑은 그 안에 오직 두 사람만 들어갈 수 있는
아주 작은 공간이지만 부족함이 없는 우주이다
사람들은 사랑은 영원해야 한다고 말하지만
영원이란 모든 속박으로부터 벗어나
사랑한다는 그 이유 하나만으로도
둘이 하나가 될 수 있을 때
조건 없이 불러주는 무한가치이다
눈에 보이지 않고 만져지지 않으면서도
우리 안에 존재하는 호흡
서로를 끌어안았을 때
머리칼 쓰다듬는 손길처럼
가슴 따스하게 흐르는 눈물이다
씹지 않아도 달콤하게 넘어가는 전율이다
굳이 사랑한다 말하지 않아도

서로에게 모든 것이 그리움이 되는 질량이고
신의 눈금이요 신의 무게이다
서로 다른 본성을 만나 이루어지는 사랑은
애증이라는 모순 속에서 더 강해지며
꿈꾸듯 떠나는 자신에게로 떠나는 여행이다
서로에게 길들여지지 않으면서도
서로가 닮아가는 여정
우리 생의 마지막 날처럼 사랑해야 할
사랑이 있다면 그건
이 땅에선 해독제가 없는 절대적 자유이다

바람2

아직까지
바람의 얼굴을 본 사람은 없다
모든 걸 집어 삼킬 듯
광풍으로 휘몰아칠 때도
갈갈이 찢겨진 뿔난 뒷모습뿐이고
전염병처럼 들꽃
예쁘게 번진 들녘에서
온종일 맴돌던
발자국을 찾았다 해도
사라진 시간뿐이다
가진 것 훌훌 벗어 던지고
순환되지 않는 모든 것은
사멸한다는 듯이
한 곳에 머물지 못하는 괴벽이지만
한 번도 남에게 묶여 본 적이 없는 자유
가고자 하면 어느 곳이든 길이 되는 삶이다
비록 허공을 떠도는

버림 받은 것 같은 행보
어디서 왔다 어디로 가는 지
아무도 아는 사람이 없다
한 번쯤 피 한 방울까지
가슴 몽땅 빼앗겨 본 사람은
바람이 오늘도 울음 강가에서
혼자 잔다는 것을 알뿐이다

용광로

부글거리는 원시적 본능만이
들끓는 욕망 속에서
시뻘건 알몸으로 뒤엉킨 채
순간순간 뜨거운 피를 끓이는 용트림
눈부신 허벅지를 휘감고
낮은 신음을 핥을 때마다
거친 숨결 속 끈적끈적 묻어나는
농도 짙은 애무의 시간마저
끝을 모르고 불꽃 춤을 추다 혼절을 한다
태고의 혼돈의 역사도
시작은 분명 이러 했으리
고통과 환희가 명멸하는 한 몸된 몸짓이
고열로 녹아져 내리는
이토록 적나라한 전율의 예술이 있을까?
용암처럼 꿈틀거리는 광란의 소용돌이 끝에
어혈처럼 육신을 파고들던 갈증이
절정으로 쏟아지면 그저 죽고 싶다, 라는

외마디의 비명이
싸늘하게 식은 형틀로 잡힌다

비가 내립니다

오랜 낯익음이
낯설음의 기억으로 다가오는 두려움처럼
추적추적 비가 내립니다
애증에 젖은 바람이 가끔
창문을 흔들고 갑니다
밤새 뒤척이다 누군가 부르는 소리에
홀로 깨어나 앉은 시간처럼
우울로 갈앉는 기억들이
울음 그친 아이의 흐느낌 같습니다
그리움이 짙으면 짙을수록
오히려 그리워하지 말아야 한다
아픔이 크면 클수록
오히려 침묵을 배워야 한다는
이 기막힌 역설에 멱살을 잡고 싶은 시간
연습 없는 삶은 언제나 쓴맛과 같아서
사랑한다, 사랑한다는 말이
빈곤한 가슴에 실핏줄로 선명하게 드러납니다

신이 내게 기억시켜 놓은 당신
끊임없는 모순과 허물과 부끄러움 속에서도
운명처럼 따라오는 거부치 못할 흐름의 자유
병든 사슴만이 사향을 익힌다는 말이
먹물처럼 가슴에 번집니다
비가 더 세차게 내릴 모양입니다
먼 천둥소리가 가까이 들립니다

가을 비

산 허리 억센 바람 속에서도
제 한 몸의 온기로
햇살 한 땀씩 키워오더니
벌거숭이 알몸으로
마주하고 싶었던
살갗 허연 기억 때문에
너 울고 있구나

허공에 기댄 채
그리움만 자라나던 가슴
표정 없는 걸음이 보인다

살아서 신음하는
헝클어져가는 숨결들을
기다림으로
입맞춤하더니
무덤까지 곱게 지키고 싶었던

아물지 않는 진실 하나 때문에
너 울고 있구나

네 눈물이 허리 뚝뚝 끊어지는 자리마다
슬픔 한 조각 베어 물은
바람이 시리다

가을 산

내가 나를 찾으러 갔다
달팽이 모양 같은 산허리 길을 돌고 돌아
바람마저 멈춰 선 자리
휑하니 앞서 계곡을 빠져나간 계절 때문에
제대로 시 한 줄 쓰지 못했을 가을 산
그 깊은 울음소리를 듣고 싶었다
눈을 뜨나 눈을 감으나 아픈 생살
훤한 새벽을 맞이할 때마다
목매임으로 바라보게 하던 하늘이 울긋불긋
앙상한 가지에 실어증으로 매달려 있었다
수북이 쌓인 낙엽들의 꽃무덤 위로
무겁게 가라앉은 고요함이
바람의 문고리를 열어 주었을 때
두근 두근대는 가슴
열네 살 젖몽울을 앓던 기억이 거기 있었고
한 때 욕망의 화려한 불꽃으로 타던
잊혀진 꿈의 궁전을 거기서 보았다

한 웅큼의 슬픔도 달콤한 시어로 삼켜지던 시간
바람에 흔들리던 햇살마저도 숨 죽은
알몸으로 덩그러니 남은 가을 산
들머리 허물어져 가는 돌담 아래
내 생애의 비밀부호처럼 피어 있는 들꽃 한 송이
그 곁에다 나를 묻어두고 왔다
이제 너와 함께가 아니면
절대로 찾을 수 없을 그곳
주술로 붙들린 가슴이 거기 있다

그 날이 언제일지

불현듯 불러줄지
그날을 알지 못하여
가난한 무릎
늘 서성입니다

날마다 가슴 뜯어낸 자리
두 손을 얹고
만나자던 그 약속
잊지 않고 계실까
한 올 같은 바람소리에도
쉬이 잠 못 이룹니다

당신을 사랑함으로
참으로 아름다운 세상

그날이 언제일지 몰라
시퍼렇게 칼날 세우던

자존심마저
문 밖에 세워 놓고

남은 시간이 그리 많지 않아
눈물을 하얗게 태웁니다

차라리

왜 나라고
훌쩍 떠남을
생각해 보지 않았겠는가

여리고 여린 가슴에
끝내 결별의 화살을 꽂고
돌아 선 걸음
새파랗게 밟힐 울음을
아직은 견뎌낼
자신이 없을뿐이라네

오직 한 방향으로만
몰려 있는
내 신경 세포들이
곧추서기도 전에
그만 등 터져 버릴 비명소리
그게 두려움이라네

미우나 고우나
그간 함께해 온 세월이 얼마인데
왜 나라고 할 말이 없겠는가

한 번 잠 깨고 나면 다시
잠들 수 없는 연민이
가슴에 못질을 할 때마다

차라리 내가 아프고 말지
차라리 내가 울고 말지
그리워 아픈 것만은
절대 아니라네

부활

당신을 떠나서는 살아 남을 수가 없습니다
하루 하루가 천형 같아도
내게 화해로 보여주신 사랑
흑암 가운데 활활 불타는 생명의 불길이었고
언제든 무릎 꿇으면
모든 걸 용서 받을 수 있다는
생떼 같은 믿음이
바로 안식이었습니다
누구도 거역할 수 없는
하늘과 땅 사이에 이 애절한 사랑
끝내 당신을 지켜내지 못한다면
새 하늘과 새 땅에 역사는
피 흘림의 상처뿐입니다
항체 기능이 전혀 없는
뻔뻔하기 그지 없는 헐벗은 영혼을
생긴 그대로 쓰시고자
머리에서 발 끝까지

피눈물로 씻어 주길 원하는 당신이여
가증스런 입술을 숯불로 지지지 않고는
결코 부를 수 없는 이름임을 압니다
모난 모서리 칼날 되어
스치는 곳마다
상처로 남은 아픔들이 있지만
당신 계심으로 땀내나는 이 몸부림
자랑할 것 없고
내세울 것 없는 죄 많은 놈이지만
그래도 당신의 자식입니다
마지막 피를 토하시던 말씀으로
가슴 도려내 주시옵소서
꺾이지 않는 관절마다 배어나오는 울음
"어서 오시옵소서"

함부로

꽃의 어원은
바로 고추에서 나온 말이라는
어느 숲 해설가의 해석이
참 재밌다
남자들은 꽃을 감추기 바쁘지만
식물들은 온갖 향기와
화려한 자태로
내놓고 유혹을 한다
꽃을 싫어하는 사람은
이 세상에 아무도 없을 것이다
앞으로는 함부로 꽃을 따거나
꺾어서는 절대로 안 된다
너 죽고 나 죽는 일이다

형벌

널 많이 사랑한다는 걸 알지
사랑하는 만큼
씹히지 않는 속울음의 아픔도 알지
시를 단 한 줄도 못 쓰는 날이
자꾸 길어지는 것은
격정의 뼈를 꺾지 못하고
이리 저리 부딪히며
목덜미 뜨거운 바람이 되어
너에게로 달려가기 때문인 것도 알지
내 안에 눈덩이처럼 커져가는
눈물 끝에 맺히는 웃음기
넌 알지
하루에도 몇번 씩 죽었다 깨어나는
아파서 더욱 아름다운 이 못박힌 가슴을 알지

연리지

오래된 균열의 상처 속으로
슬픈 한 줄기 바람이 이어 준
하늘의 마음
견딜 만큼 견디며
천만 번도 더 연습했을
올곧은 사랑
이제 귀도 하나
눈도 하나
가슴도 하나
전생애의 어디쯤에서부터
보이지 않게 움 텄을 인연
이제 하나가 된 혈관
분홍빛 수혈이 한창이다

제2부

일어서기 위해

깨진 소주병에 무참히 맞아
한쪽 눈을 잃었을 때
좁아진 시각에 초점이 맞지 않아
헛발을 딛고 넘어질 때가 많았다
무릎이 깨지고 옷이 흙투성이가 되는 날이면
밥 한술 입에 떠 넣으며
눈물도 함께 씹어 삼켰다
높고 낮음과 멀고 가까움에 익숙해지기까지
한 동안 지팡이에 의지하며 살았다
내가 엎지르고 다시 담을 수 없었던 회한
쳐다보는 시선들이 참 많이 아팠다
넘어지면 무조건 일어서야 한다는 것을
그때부터 배웠다
제대로 일어서기 위해서는
제대로 넘어져야 한다는 것도 알았다
어깨를 짓눌러 온 중력의 무게가 오히려
삶의 힘이 된다는 것을

아픔은 아픔으로만 치유된다는 것을
쓰러지고 일어서면서 온몸으로 배웠다
나는 무너져도 다시 일어서기 위해
뜨겁도록 당신 사랑을한다

길 2

조금 느릿느릿한 걸음으로
세상을 바라다보면
오고감에 정해진 날이 없다는 듯이
계절 따라 천지에 피고 지는 꽃들은
다 솔기 터진 실바람 흔적이다
아직도 끝나지 않은 여정
낯선 길을 돌고 돌아 가야 할 때도 있고
안개 머물던 자리
갑자기 사라진 길 앞에서 서성거릴 때도 있겠지만
돌아보면 아득한 세월
지나온 길이 고단해 보여도
산은 언제나 일정한 거리에서 말이 없고
강은 둑이 넘치도록 흐르다가도
이내 제 길을 찾아간다
살다가 가슴에 마른 잎 지는 날 있으면
노을에 절여진 외로움
전생에서 불던 바람 한 자락으로

실어 보내 놓고
묶여 있지는 아니하되
벗어날 수도 없는 위대한 질서 앞에
한 번쯤 조용히 나를 내려놓고 가자
들녘을 지나는 바람도 제 길이 있다

태엽

고장 난 벽시계를 완전 분해하듯
나 자신을 하나하나 뜯어본다
켜켜이 얼룩진 때가 잔뜩 끼어 있고
부스럼이 곪아 터진 흔적처럼
구석구석 녹이 슬어 있는 자아
평소에 기름도 치고 닦고 조이며
성찰의 시간으로 관리를 잘했으면
심장이 고동치는 청아한 소리를
메아리로 들을 수 있었을 텐데
관성에 젖어만 있던 사유로 인해
세월에 헐거워진 나사는 빠져나가고
맞물고 돌아가야 할 이성의 톱니마저
닳고 닳아 모든 게 엉망이다
윤기 나던 시절 다 보내 놓고
때 늦은 회한이 뭔 소용이 있을까
이제라도 꺾인 허리를 우뚝 펴고
널브러진 기억들이

가슴 두근두근 맥박으로 뛰도록
날마다 엉켜붙은 하루를 점검하자
길고도 짧은 인연 그 중심에
나를 못 박은 당신
끊임없이 돌고 돌아야만 하는 세상에
풀린 태엽을 다시 감아줄 사람
그래도 제 안에 계신 당신뿐입니다

내가 사는 곳에만

앙가슴을 열고
꿈처럼 펼쳐져 있는 쪽빛하늘을
아무리 뚫어지게 찾아봐도
하늘로 오르는 길이 보이지 않는다
얼마나 더 애증으로
마음 끓어야
당신의 그 깊은 너울에 닿을 수 있을까
흐르는 강물을 붙잡을 수 없듯이
늑골 사이로 빠져나가는 혼미한 세월
당신은 내게서 너무 멀고
허리 뚝뚝 꺾어지는 소리가
슬픈 바람 한줄기로 불어오는 날에는
벌건 대낮인데도
희한하게도 내가 사는 곳에만
비가 내린다

정말 몰랐다

요즘 들어 별게 아닌데도
눈물을 글썽일 때가 있다
비바람 걷히고 혼자 올려다보는
시린 하늘 때문이거니
홀로 뒤척이는 밤
고작해야 창문을 흔들고 지나는
바람 때문이거니
아니면 이게 다 나이 먹어가는
탓이거니 했다
보고픔이 너무 크면
앙가슴 풀어놓은 언어들이
그렁그렁한 체온으로
눈가에 매달리는 것을
정말 몰랐다

수화

온갖 표정과 손짓 몸짓으로 말을 한다
그것이 진솔한 언어임을 모르는 사람은 없다
손가락으로 허공을 가르며
가슴에서 가슴으로 전해지길 원하지만
그 뜻을 헤아리지 못하는 사람들에겐
하나의 슬픈 몸짓에 지나지 않는다
어쩌면 태초의 언어는 비명이었는지도 모른다
답답한 가슴을 쥐어뜯는 몸부림에서
깊은 사유가 잉태했고 그때서야 비로소
사람이 사람다워졌는지도 모른다
눈빛 하나로 닫혔던 문이 열리고
표정 하나로 입 다문 마음이 열리면
혀끝으로 발설하는 새빨간 언어보다 앞선 믿음이다
손끝 언어는 귀로서는 듣지 못하는 말이다
진실한 사랑은 말이 필요 없는 것처럼
그냥 바라보는 것만으로도 숨겨진 뜨거움을 안다
때론 값싼 말솜씨보다 그 어눌한 동작들이

나를 무릎 꿇게 만든다
저 들리지 않는 원시언어
말없는 당신 그 눈빛 떨림 속에 갇힌
내가 있다

백치

누가 흉을 보는 건지 칭찬을 하는 건지
그에겐 관심밖에 일이다
태어날 때부터 웃음보가 터져버린 사람처럼
이래도 웃고 저래도 웃는
살아 있는 모든 것은 다 웃고 살아야 한다고
혼자 세상을 향해 무언의 시위를 하는 사람 같았다
늘 잠이 덜 깬 것 같은 어눌한 모습에
사람들에게 놀림감이 되어도 그저 희희낙락
모든 게 마냥 즐겁다
아마 저 녀석은 지 어미 아비가 죽어가도
혼자 실실 웃다가
개망신을 당할 놈이라고 핀잔을 주어도
아마 저 녀석은 웃다가 미쳐죽은 귀신이
들었나 보다고
혀를 끌끌 차도 소용이 없었다
갈 길 바쁜 수다스런 바람도 그를 만나면
웃지 않고는 그냥 지나칠 수 없을 거라고 했다

밤늦은 시간까지 마을을 배회하며 서성거리는 녀석
그 가슴 안에 끊어진 웃음 줄을
온몸으로 붙잡고 울고 있는 사내가 있다는 것을
그의 부모들조차도 모르고 있었다

중증

코 밑에 수염이 우습게 나고
얼굴에 여드름이 꽃물처럼 번지던 사춘기 때부터
사람들 눈에 절대 보이지 않는
전지전능한 투명인간이 될 수만 있다면 얼마나 좋을까
말도 안 되는 개꿈 같은 꿈을 꾸고는 했다
진짜로 투명인간이 된다면
이 세상에서 자기만 제일 잘났다고
목에다 잔뜩 힘을 주고 눈을 내려 깔고 사는
온갖 부조리와 부도덕의 대명사가 되는
어쭙잖은 놈들은 다 똥물에 한 번씩 다 쳐박아버리고
분단된 조국을 위해 38선을 넘어가
인민의 피를 빨아 먹고사는 놈들을 단칼에 없애고
세금을 탈루해 가며 자기 배만 채울 줄 알았지
나눌 줄 모르는 부정과 부패의 자금을
가난한 이웃에게 분배도 하여 의적 홍길동이
아직 살아 있음을 보여주고
세상 돈이 다 내 돈이 될 수 있으니

이 세상에서 가장 예쁜 여자를 아내로 삼으면
동화 속 나라가 따로 없는
온 세상은 다 나를 위해 존재하는 것이니
천지에 주인이 바로 나라는 그 희열
그 황홀한 꿈이 늘 성감대를 간지럽게 만들곤 했다
말하자면 비몽사몽간에 몽정 같은
완전 개 코딱지 같은 생각에 빠져 밤잠을
설치기도 했다
정말 사이코패스가 따로 없다
그런데 문제는 돋보기 너머 흐릿해져가는 나이인데
요즘도 투명인간이 되어 당신을 만나러 간다는 것이다

날 받으소서

입덧하듯 키워 온
붉은 울음 같은 사랑
부끄러움 없이
당신 가슴에 묻을 수만 있다면
남은 삶이
그리 길지 않아도 좋습니다
불 꺼진 방마다
불을 켜게 하고
어둠의 혼을 날마다
불사르게 하는
당신
고동치는 심장으로
함께 물들을 수 있다면
마른 뼈 한 조각에서도
피워낼 수 있을
한 떨기 인연의 꽃

이 세상과 저 세상에
더 이상 욕심은 없습니다

약속 하나

한 풀 꺾인 햇살이
가슴에 매달린 무게를 줄이듯
주섬주섬 짐을 꾸리는 시간
조석으로 부는 바람이 차갑습니다
떠나야 할 때를 알고
미리 준비하는 애틋한 마음은
때론 아름답기도 합니다
언제 곪아 터질지도 모르는
당신을 향한 기억들을
조금씩 조금씩 발라내다 보면
피가 후끈하게 달아오르던 기억도
다시 돌아오지 않을
시간으로 묶여집니다
버릴 것은 버리고
태울 것은 태우는
솔깃 터진 가슴을 박음질하는 계절
빗장 열린 하늘에

뜬구름이 무심히 흐르듯
저마다 갈 곳을 찾아 떠나고 나면
한참 동안은 외로움마저 허물어져버린
빈 집 같겠지만
사랑한다는 말이 곰삭은 시어로
위로가 되는 날
농익은 영혼의 갈피마다
꽃말로 숨겨 두었던 목숨 같은 약속 하나
심장에 날선 칼날로 깊이 새겨 두렵니다

안개 1

앞이 보이질 않는다
출처가 불명확한 눅눅한 일상들이
다가서는 만큼
시야를 열어 준다

내 기억 속
반쯤 묻혀 있던 사연들이
잡힐 듯 잡히지 않고
혼령으로 떠도는 시간

나약한 관성에 빠져
이러지도 저러지도 못하는 세월에
한 번쯤
죽음의 행방을 더듬게 하는
자욱한 원시의 숨결

모든 출생의 비밀처럼
아무도 손 댈 수 없는

주술에 걸린 정적
무생의 설법이다

안개 2

간밤에 한 치 앞도 보이지 않던
아득한 욕망들이
늪에 빠져 허우적거린다

어디선가
쉴 곳이 마땅치 않는 외로움들이
숨 죽여 울기도 한다

보일 듯 말 듯
아무리 눈 비벼 봐도 가늠할 수 없는 세상
한 번쯤은
다시 깨어나지 않는
깊은 잠에 빠지고 싶다는 유혹이다

내가 그리워하고 마음 주었던
그 모든 것이 소리 없이 왔다가
배신이 아닌 그냥 멀어짐의 뒷모습으로

그렇게들 떠나겠지
네 앞에서 허둥대던 모습이
적막으로 휘둘러 쌓인 시간
정말이지 내가 서 있는 곳이
어딘지 모르겠다

여유

입술 지긋이 깨물던 시간도
날을 곧추 세운 통증도
당신 앞에 서기만 하면
깃털처럼 가벼워지는 무게
곪은 자리에도
스멀스멀 날개가 돋았지
산다는 게 다 그런 것
성깔 사나운 바람도
허리 부러질 때가 있는 것처럼
내 걱정의 뼈를 꺾으며
그저 흙 묻은 시어 하나
당신의 이름으로 주워 담을 수 있다면
그저 그게 행복이지
그게 다 사는 거지
이미 사라진 전설의 휘파람 소리
그게 다 뭔 소용이 있어

제3부

기다림

너를 향해 귀를 열어놓고
세상을 바라보지만
나는 언제나 제 자리였고
간격을 좁히며 따라오는 세월이
여린 가슴을 사정없이 도려낼 때면
스스로 금줄을 쳐 놓은
안이나 밖이나 낯설기는 마찬가지였다
방향을 잃지 않으려고
팻말로 세워 놓은 그리움의 질량이
그나마 구심점이 되어
푸른 맥박으로 뛸 때는
아픈 멍 한 덩이가 오히려 결핍을 채워주었다
내가 베어 물은 시어들이
결박을 당한 채 숨 쉬지 못할 때도
반란을 꿈꿀 수 없었던 것은
나보다는 네가 행복해야
내가 살 수 있다는 것을

방목해 놓은 기다림 끝에서
배울 수 있었기 때문이다
살갗 속 은밀히 봉합해 둔 시간들이
마음 깨물린 기쁨으로 다가오는 날
너의 눈빛으로 행구는 내 가슴엔
새 하늘이 열리는 날이다

기도

가슴 절어진 슬픔이
하도 죄스러워
두 손 모으고
무릎 꿇기도 부끄럽습니다

사람과 사람이 만난 인연
하얀 속살 같은 마음을 전하지 못해
꺾이지 않는 관절마다
울음이 배어나옵니다

당신의 그 지고한 뜻이
어디 있는지 묻고 있음이 아닙니다
모난 모서리 칼날 되어 스치는 곳마다
상처로 남은 아픔
사랑과 미움의 벽을
아직도 허물지 못해
차마 울 수도 없습니다

마음 쏟아놓고 마음껏 부를 수 있는
내 목숨 같은 당신이여
마지막 피를 토하는 노을처럼
빗장 걸린 그리움 하나
가슴 도려내게 하소서

자랑할 것 없고 내세울 것도 없는
그저 허물 많은 놈
그래도 당신의 자식이기에
당신 앞에 엎드립니다

바람꽃

때가 되면 나무는
제 스스로 잎을 털어버리듯이
가야 할 때가 되면
다시 돌아올 길을 가늠하지 말고
가야 한다

지금껏 나를 이끌어 준 세월이
시가 될는지 그리움이 될는지 몰라도
그래도 손 잡을 수 있었던
고운 인연들 모두가
기쁨이었다고 깨달을 때
가야 한다

어눌하기만 했던 생애
혓바늘이 돋아나고
영육을 파고들던 갈증의 시간들이
바람의 길이 되었을 때

가야 한다
가다가 가다가
내 기억 어디쯤
울음이 빠져나간 자리에
하얀 바람꽃 한송이
무심히 피어 났으면 좋겠다

사랑초

왠지 처음부터
너를 훔치고 싶었어
웅크린 세월 사이
수없이 머물렀던 꿈들이
더 이상 분해 되기 전에
너를 붙잡아 보려는
투명한 가슴
목덜미를 간지럽히고 지나가는
이 싱그러운 유혹
너는 상상이나 할 수 있겠니
내 영혼이 숨어 사는 공간에
무슨 약속이나 있었던 것처럼
붉은 웃음으로 다가온 너
오늘은 꼿꼿하게 고개들고
그리움의 크기만큼 흔들린다

너 때문에

여기저기 들쑤셔놓는
너 때문에
돌아 누워도
모로 누워도
노오란 빈혈보다 더 어지럽다
한쪽 눈으로 어지러운 세상을 살면서도
눈썹 하나 까딱하지 않던 마음인데
내 고운 꿈만이 들락날락 하던 자리마저
마구 헤집고 다니는
너 때문에
내 혼자 병을 앓는다
어찌 세월 한쪽에다 숨겨둔
이름을 알았을까
질량도 부피고 알 수 없는 너

바람이 전하는 말

하루가 천년 같다거나
천년이 하루 같다거나
쓰다 달다 말 없는 세월 앞에
그리 울지 말게나
형벌인듯 아예 가슴 몽땅 잃어버리고
마음 둘 곳을 찾지 못해
늘 길 끝에서 떨고 있는 가슴도 있다네
가끔 한 번씩 정신줄 내려놓는 아픔 있어도
진솔한 마음으로 견디다 보면
척박한 그곳에서 생명을 가진 말들이
들꽃처럼 피어날 때가 분명 있다네
산다는 것은 사랑한다는 것은
가슴에다 작은 꽃씨 하나 심고
푸른 혼령으로 살아날 때까지
미움도 설움도 깃털처럼
날려 보내야만 하는 인고라네
제 울음을 굽은 등에 천형처럼 지고

메마른 사막을 건너는
심장 터질 듯 목마른 낙타의 비명을 아는가
정말 힘이 들 때면
그곳에도 오늘처럼 비가 오고
그늘진 가슴 한 켠에 젖은 바람이 부냐고
그냥 한 번 물어 보게나

너

앞산에서 우는
뻐꾸기 울음 속에는
구름 사이로
잠깐 잠깐씩 보이는
쪽빛하늘이 묻어 있다

숨통을 조이던
깊고 어두웠던 옹골찬 밤이
저 만치 불어오는 바람과
눈맞춤하는 시간

구멍 난 가슴을
한 땀 한 땀씩 꿰매던 햇살이
환하게 웃을 때마다

가만히 불러보는 이름 속에는
벌거숭이 알몸도

전혀 부끄럽지 않을 사랑이
들 향기로 가득하다

퇴고

시를 며칠째 퇴고를 못하고
끙끙거리다
잠깐 누운 사이
참으로 희한한 꿈을 꾸었다
내가 잔뜩 목이 메어
무릎을 꿇고
그저 용서해 달라고
발이 손이 되도록 빌고 비는
가위 눌린 꿈이었다
이상하게도 꿈속에서도
의식은 또렷한데
용서해 달라는 말이
메아리로 되돌아올 때마다
발가벗은 어린아이로 변해 가더니
어느 한 순간
깊이도 알 수 없는 어둠의 나락으로
한없이 떨어지는 것이었다

어디선가 “내 아가야, 내 아가야”하는 음성이
꿈속에서도 꿈결처럼 들려왔지만
모든 게 다 마지막이라는 생각이 들자
심장의 심줄이 다 끊어지는 공포심에
비명조차도 울음이 되지 못했다
바로 그때었다
요란한 전화 벨 소리에
소스라치듯 깨어났다
온몸이 땀범벅이었다
완전 죽었다 다시 깨어난 시간
내 시의 마지막 연이 될 그 목소리는
바로 엄마였다

사랑하는 까닭

슬프면 슬픔의 크기만큼
기쁘면 기쁨의 크기만큼
당신 가슴 어딘가
꽁꽁 숨겨놓은 눈물을 내가 읽었습니다
절뚝대는 시어 한 소절에도
등 기대고 싶었을
화장기 없는 기다림의 모습
그저 낮은 자리에서
열린 하늘을 마음껏 보고자 했던
여린 심성임을 압니다
대답하기 어려운 질문처럼
살 속 틈틈이 박혀 있는 애증도
다시 깨어나는 영혼으로
움켜잡으려는 당신이여
당신의 아픔까지도 내 아픔으로
받아 들이고 싶은 까닭은
당신은 늘 끝을 말하지만

내게는 이제 시작이라고
말할 수 있기 때문입니다

소나기 2

식을 줄 모르는 열기에
이 절박한 반란
바람도 함께 엎어져 흐느낀다
무딘 칼날에도 울컥울컥
가슴 베이던 자리마다
고이는 빗물
선뜻 내보일 수 없는 마음으로
널 바라보던 시선이
흠뻑 젖은 낱말로 흐른다
하늘도 때로는
부정할 수 없는 슬픈 예감에
울고 싶을 때가 있나 보다
이 세상에서 가장 아름다운 진실은
제 안에 가두기에는
너무 커버린 울음으로
말끔히 닦아내고픈 사랑입니다

망각

어젯밤 선명하게 꿈꾸었던 일도
다 기억 못하듯이
가슴 씹어대는 아픔이 있어도
그냥 세월 속에
묻어버리세요
산천이 다 얼어붙은 겨울
애절함으로 깊이 묻어둔
뼈 시린 그리움일수록
핏빛 상사화를 피워낸답니다
누구나 낯 뜨거운 죄
속울음처럼 가지고 사는 세상
까만 밤 홀로 싸매야 했던
상처 끝에서 뜨는 별만이
연등처럼 더욱 반짝인답니다
한 생애의 길이가
한 뼘도 되지 않음을 알면
망각도 축복입니다

별게 아니야

비울 수 없는 마음을
비우겠다는 것도
하나의 욕심임을 알면
닳아가는 세월의 모서리
옹이진 이름
단단히 뼈대로 세우고
부딪친 곳을 또 부딪쳐
피멍이 들어도
그냥 그렇게 바보처럼 웃는 거야
아직도 아물지 않은
딱지 붙은 상처가 가려우면
가려운 만큼만 긁어주고
또렷한 길이 안 보여도
그냥 바람 따라 한 번 가보는 거야
하루치의 슬픈 만큼만
슬퍼하면서
그렇게 하늘을 보며 웃는 거야

그게 사는 거야

그게 사람 축에 끼는 거야

비밀부호

내가 나를 찾으러 갔다
달팽이 모양 같은 산허리를 돌고 돌아
바람마저 멈춰 선 자리
휑하니 앞서 계곡을 빠져 나간 계절 때문에
제대로 시 한 줄 쓰지 못했던 가을 산
그 깊은 울음소리를 듣고 싶었다
눈을 뜨나 눈을 감으나 아픈 생살
훤한 새벽을 맞이할 때마다
목매임으로 바라보게 하던 하늘이 울긋불긋
앙상한 가지에 실어증으로 매달려 있다
수북이 쌓인 낙엽들의 꽃무덤 위로
무겁게 가라앉은 고요가
바람의 문고리를 열어 줄 때
두근 두근대는 가슴을 어루만지다
열 네살 젖몽울을 앓던 기억을 찾았고
한 때 욕망의 화려한 불꽃으로 타던
잊혀진 꿈의 궁전을 거기서 보았다

한 움큼의 슬픔도 달콤한 시어로 삼켜지던 시간
바람에 흔들리던 햇살마저도 숨죽이고 있는
알몸으로 덩그러니 남은 가을 산
기나긴 침묵 끝에서 만난
산중 들머리 허물어져 가는 돌담 밑에
내 생애에 비밀부호처럼 애처롭게 피어 있던
들꽃 한 송이
그 곁에다 아무도 모르게
나를 묻고 왔다

제4부

아주 나쁜 놈

7~8년째 암 투병 중인 부랄 친구가
우리 집을 잘 알고 있는
친구의 그늘 따라 왔다
병색이 짙은 더위와 함께 찾아온 모습
근 3년만이다
25년 전에 가출한 아내가 남기고 간
아들 녀석하고 서울의 한 모퉁이
이승의 죄 같은 셋방에서
아직도 가난을 물 말아 먹고 산다고 했다
근데 가난보다 아픔보다 더 견디기 힘든 것은
하나 밖에 없는 자식조차도
잘 찾아오지 않는
골방에 갇힌 외로움이라고
마른 침을 삼킬 때마다
그간 살아 온 세월이
투명한 물고기의 등뼈처럼 보였다
곰탕 한 그릇에 소주 2홉 짜리 한 병을

빈 세월에 채우고는
별 눈맞춤도 없이 그렇게 왔다 갔다
요즘 울음으로 꿰맨 가슴의 실밥이
터질까 봐
오금도 못 펴고 사는 데
아주 나쁜 놈
다시 오기만 해 봐라
옛날만큼 힘은 없어도
아주 반쯤 죽여 놓고 말 테다

바람은 안다

민들레 씨앗은
솜털같이 하이얀 날들을
통째로 기억하고 있다가
바람 부는 날에는
날개가 달린다
스스로는 방향을 정할 수 없지만
모든 걸 망설임 없이
바람에 맡겨 버릴 수 있을 때까지
가슴 긁어대던 속울음의 무게임을
오직 바람만은 안다
나도 이제
한 점 눈물까지 메마르면
아주 멀리멀리 날다가
그 곳이 어디든
다시는 돌아오지 않는
걸음이면 좋겠다

맥문동

모진 겨울에도
푸르름을 감추지 못하더니
만남이 우연히 아니라는 듯
붙잡힌 기억들을
목울대로 뽑아 놓고

움찔움찔 불거진
가려움증 같은 사랑을
꽃불로 밝혔다

세상은 아직 어둡고
아픈 곳 많은 세상이지만
아직도 널 사랑한다는 꽃말로
새빨갛게 태우고 있는 8월
널 닮았다

바위 섬

하고픈 말 있어도
그냥 씹어 삼키자
아직도 가면을
제대로 벗어버리지 못한
소리의 잔해들로 인해
홀로 허망해도
모든 걸 젖은 파도에 내어 주자
늑골 사이 곰삭은 그리움이
맨몸으로 빠져 나가는 날 있어도
슬픈 빛깔의 상처도
때로는 충분히 아름다울 수 있음을
그때서야 얘기하자
세상 문 밖 뒷자리에
편안함으로 앉은 바위섬
나홀로 아리랑이다

하루의 끝에서

열려 있던 세상의 모든 문을 닫고
당신을 만나러 갑니다
어두운 구석구석들이
불지핀 환한 가슴이 됩니다

큰 소리보다
낮은 소리가
더 잘 들릴 때가 있듯이
소슬 바람에 걸린
그리움이
허리를 곧추 세웁니다

내가 쏜 화살이 되돌아와
심장에 박히는 시간
당신을 향해 노 젓는 영혼
하루가 감사이고 기쁨입니다

당신과 함께라면

자정을 넘어
핼쓱한 새벽이 올 때까지
뼛속을 파고들던 한기를
붓끝으로 잡을 수 없을 때는

불확실한 기상예보에
주춤거리듯
미열로 들뜬 아침이 온다

고독 안에서
오히려 더 자유롭던 사유
조금씩 보폭을 넓혀가다 보면
이쪽 저쪽
출처가 분명치 않던
이야기들의 경계가 보인다

움키면 움킬수록

빠져나가는 사랑처럼
늘 적당한 거리에서
숨 고르기를 하는 이 뜨거움

알몸으로 풍덩 빠져도 좋을
내 영혼의 깊은 샘에서
당신과 함께 어우러지는
열정의 시어를
가슴 가득 퍼올릴 수 있다면
내게는 더 이상
산목숨이 아니어도 좋습니다

부재不在

온 종일 혼자 말없이 지내는
면벽의 시간
새장에 갇힌 한 마리 새처럼
가끔 퍼득이는 사유만이
흐름이 된다

혼자 있음에 익숙해 질
나이도 되었는데
제대로 한번
뜨겁게 품어보지 못하고
허공으로 기화해버린 인연들이
하나 둘 낯익어 갈 때쯤

분명 아까부터
목청껏 울고 있었을
뻐꾸기 소리가 창문을 흔들며
나를 찾는다

빌어먹을 세월
개똥철학 같은 세상
산다는 것은
이미 태어날 때부터
선고宣告가 유예猶豫 된 목숨

이 세상에 내가 없어도
어제처럼 해 뜨고 해 지는 하루
내 안에 불을 끄고
내가 나를 들여다봐도
내가 보이질 않는다

비가 오는 이유

비가 한두 방울씩 떨어지기 시작할 때
서너 살쯤 되는 아이를 업은
중년 부인이 얻어 놓은 김치는 있으니
돈보다는 먹다가 남은 밥 있으면
한 그릇만 달라고 한다
허기진 속을 채우려는 여인의 표정이
허옇게 알몸으로 드러난다
비가 곧 쏟아질 것 같으니
들어와서 밥 한술 뜨고 가라고 해도
다른 곳에서 남편이 기다리고 있다며
막무가내로
식은 밥 한 덩이만 있으면 달라고 한다
밥이 담긴 비닐봉지를 들고 가는 뒷모습에
주름진 가난이 짙게 배어 있다
얼마나 지났을까
차를 타고 나가다 처마 밑에 웅크리고 앉아
밥을 먹고 있는 세 식구를 보게 됐다

낡은 배경으로 뛰쳐나온 기억들이
빗방울 되어 마구 차창에 머리를 박을 때마다
아물지 않은 화상火傷처럼
눈이 따끔 거린다
눈물로 밥을 말아먹고 있을 그들에겐
빗물인지 눈물인지 그 경계가 허물어지는
오늘 같은 날이 오히려 더 마음 편한지도 모른다
그래서 하늘도 저렇게 무너지고 있다

문제

지구가
235도로 기운 채
태양을 보고
왜 자전과 공전을 거듭하는 지
그 이유를 알 수 없듯이

낮에 못 한 이야기들이
어둠을 기다렸다가
왜 반짝이는 별로 뜨는지
그 이유를 알 수가 없듯이

당신을 만나
가슴 반을 잃고도
아직도 내 피를 끓이는
이 독한 어지러움을
설명 할 수가 없다

당신은

당신은
내가 태어날 때
두 손 꼭 쥐고
세상을 향해 소리 지르던
울음이었나 봅니다

하루에도 몇 번씩
눈물 고이는 가슴이 됩니다

당신은
내가 말을 배우기 전
안으로만 되뇌이던
옹알이이었나 봅니다

하고픈 말들이
입안에서만
맴을 돕니다

사랑 9

모양도 빛깔도 없다
두근대는 시혼으로 들뜨다가
한없이 무너지기도 하는

백치처럼 온 종일 홀로
말없이 서 있어도
그 질곡의 긴 시간이
절대로 설명되지 않는

먼 허공이었다가
이글거리는 불꽃이었다가
닳도록 더듬고
아프도록 깨물고 싶은
하얗게 탈색된 언어
참으로 풀리지 않는 수수께끼

세상 안에 있으면서도

세상 밖에서 사는
무릎 꿇은 채 마비가 되어도
당신 앞에선 언제나 부끄러운 철부지

바위

울음이 말라
단단히 굳어진 세월
벌거벗음이
부끄럽지 않답니다

무엇이 죄인지
무엇이 죄가 아닌지
그마저 모르는 게 죄가 되어
꼼짝 없이 붙잡힌 화두

거친 삶의 길목마다
안으로 다져진
그 마지막 담금질

당신 앞에서만
몸 가벼이
무릎 꿇을 수 있는
빛나는 형벌입니다

나이테

돌아누울 때마다
귀 먹고 눈 멀던 심장이
까맣게 타 들어가다
지혈된 자리

습작

알몸으로 끌어안고
볼도 비벼 보고
입맞춤도 해 보고
가장 은밀한 이곳 저곳을
간지럼 태우 듯
숨 가쁜 호흡으로 더듬다 보면
잔뜩 발기된 시어들이 뜨겁다
몰아지경에 빠지기 전
모든 감각을 다 동원하여
너와 내가 하나가 되는 성감대
빨아 보고
씹어도 보며
가장 황홀한 비명이
어둠 속에서
빛으로 환하게 빛날 때
바로 방점을 찍으면
그때서야 비로소
검붉은 심장의 피로 쓸 수 있는
시가 보인다